LA VISION TRAGIQUE DE SIMONE WEIL

DU MÊME AUTEUR

Le Jeu de la France, Julliard, 1967.
Montherlant le séparé, Flammarion, 1969.
Le jeu de la France en Méditerranée, Julliard, 1970.
Principes pour une légitimité populaire, L'Herne, 1970.
La même douleur démente, roman, Flammarion, 1973.
Les septennats interrompus, Robert Laffont, 1977.
Discours aux chiens endormis, Albin Michel, 1979.
Dieu que la crise est jolie !, Ramsay, 1979.
Midi en cendres, Librairie bleue, Troyes, 1983.
Lettre ouverte à ceux qui en perdent leur français, Albin Michel, 1986.
La cause du français, La Place Royale, 1987.
De Gaulle, Références, Greco, 1990.
L'Europe déraisonnable (ouvrage collectif), Valmonde et F.-X. de Guibert, 1992.
Montherlant ou la relève du soir (avec quatre-vingt-treize lettres inédites), Les Belles Lettres, 1992.
Le Secret des Jours, Une chronique sous la Ve République, J.-C. Lattès éd., 1995.

PHILIPPE DE SAINT ROBERT

LA VISION TRAGIQUE DE SIMONE WEIL

François-Xavier de Guibert
3, rue Jean-François-Gerbillon,
75006 Paris

ISBN : 2-86839-608-9

AVANT-PROPOS

Un soir de décembre 1954, une amie de ma famille, Simone Menez, m'offrit *La Pesanteur et la grâce* de Simone Weil, dans une édition toute nouvelle du Club du Livre français. Cette nuit-là, je ne dormis pas. Le trouble que j'avais toujours ressenti en lisant Pascal, mais atténué par la distance historique et la connaissance commune, je l'éprouvais plus brûlant ce soir-là, comme une révélation personnelle tout à fait inattendue, comme une rencontre qui me semblait unique et qui s'appropriait le cours de mes pensées. Depuis, cette rencontre n'a jamais cessé, et à quelque moment que je reprenne un ouvrage de Simone Weil, j'éprouve la même fulgurante intelligence mise au seul service de l'âme et de la connaissance surnaturelle. Elle est sans doute le seul écrivain de ce siècle qui ait été infatigablement de plain-pied avec le surnaturel. Lorsqu'on la découvrit grâce à Gustave Thibon, puis à Albert Camus, nos contemporains en eurent une sorte de stupeur et son œuvre fut partout saluée avec un respect un peu inquiet. Sur cette œuvre, ce n'est pas à sa famille, qui eût peut-être hésité, qu'elle avait laissé les pleins pouvoirs. Ceux qui l'avaient connue à Paris, à Marseille, à Londres, témoignèrent : Simone Pétrement, Gustave Thibon, le Père J.-M. Perrin, Maurice Schumann. D'autres qui croisèrent son chemin – Simone de Beauvoir, Raymond Aron – ne reconnurent pas son génie, par une faille du leur.

À la fin des années cinquante, je rencontrais Lucien Goldmann à Royaumont, et je me passionnais un temps pour son étude consacrée à « la vision tragique dans les *Pensées* de Pascal et le théâtre de Racine », intitulée *Le Dieu caché* et publiée en 1955. Je n'ai pas relu ce livre, mais j'ai gardé le souvenir de son exceptionnelle densité. Simone Weil me renvoyant incessamment à Pascal, j'eus alors l'idée un peu « universitaire » de lui appliquer la grille de lecture que me proposait Lucien Goldmann, et cela donna le court essai que l'on va lire et qui fut écrit en 1961. Il m'est difficile, à le relire aujourd'hui, de me remettre dans l'état d'esprit et de connaissance où j'étais alors, et donc d'y apporter la moindre retouche ; on aura donc, pour autant qu'on y trouve encore quelque intérêt, de l'indulgence pour sa rédaction quelque peu scolaire et besogneuse. Publié en son temps, l'impression causée par cet essai eût certainement été différente.

Pourquoi ne le fut-il pas ? Par paresse sans doute, suivie du mouvement d'éloignement qu'on a vite à l'endroit de tout ce qu'on fait, dès lors qu'on en diffère la publication. Un peu court pour faire un livre, un peu long pour s'insérer dans une revue, ce texte connut cependant une aventure révélatrice. Pierre Sipriot, qui dirigeait alors la revue *La Table ronde*, avait accepté d'en faire la publication en deux livraisons. Cette publication avait été annoncée. Mais cette revue, où j'avais un peu fait mes débuts littéraires, venait d'être rachetée par l'Opus Dei à la librairie Plon, et les nouveaux propriétaires entendaient – ce qui était bien leur droit – veiller à la « ligne » de la revue, selon l'idée qu'ils se faisaient de l'orthodoxie. Au lieu de voir tout ce qui portait Simone Weil vers le christianisme et, surtout, vers le Christ, ils ne considérèrent que ce qui l'en séparait et j'appris qu'ils la tenait en conséquence pour « hérétique » – ce qui était absurde puisqu'elle n'était pas entrée dans l'Église. Pierre Sipriot, tout contrit, dut donc me dire que mon texte était l'objet d'un *obstat* de l'honorable Organisation. Les dévots les mieux intentionnés ont toujours été la calamité des religions.

Par la suite, Simone Weil connut d'autres formes d'ostracisme. Ne parlons pas de purgatoire littéraire, car son œuvre, si elle a de grandes qualités littéraires, passe de loin toute littérature. Et si elle est, par la force et la qualité de son style (en des textes souvent laissés inachevés), un véritable écrivain, c'est beaucoup plus la force et le prophétisme de ses pensées et de ses jugements qui expliquent une hostilité plus récente venant des « idoles sociales » qu'elle avait si souvent dénoncées. Cela a même inspiré de véritables campagnes punitives à son encontre, jusqu'à un pamphlet dérisoire où on l'a dépeinte comme une juive antisémite, elle qui ne s'est jamais désolidarisée une seconde de son origine ni des siens, et qui n'eut de cesse de rallier Londres. Que son pacifisme de jeunesse, avec un crochet « humanitaire » par la guerre d'Espagne, l'ait conduite à approuver Munich, ne révèle que l'immense honnêteté intellectuelle avec laquelle elle devait par la suite dénoncer et rejeter son erreur – erreur qui, chez elle, relevait surtout de son immense disponibilité au sacrifice, qu'elle consumera à Ashford.

Il est après tout dans l'ordre des choses que le réductionnisme contemporain trouve bien étrange que cette élève d'Alain ait été aussi à son aise dans cet « intellectualisme critique » de source kantienne, qui se base sur la raison mais en reconnaît partout les limites, que dans un spiritualisme opposant les sources grecques du christianisme à ses attaches vétéro-testamentaires, ou que dans un mysticisme dont la ligne de cœur va de Clément d'Alexandrie à Maître Eckart en passant par l'hérésie albigeoise, tout cela avec cette passion du renoncement où seuls quelques culs-de-plomb peuvent détecter une « haine de soi-même » – car Simone Weil avait évidemment de quelque haine que ce soit le même sentiment et la même pratique qu'Antigone.

Le monde une fois nié en tant que fin propre, Simone Weil pensait qu'elle devait se soumettre à l'action comme à une nécessité, de la même façon que la matière est soumise à la pesanteur, c'est pourquoi elle fit de sa vie une constante abdication d'elle-même, et de chacun de ses actes une recherche de la délivrance du mal, cette part du péché du monde qu'elle avait en elle. Elle savait que les mobiles bas dégagent plus d'énergie que les mobiles élevés, aussi se garda-t-elle toujours d'être une conquérante ou une croisée. L'amour de Dieu n'est pas la possession de Dieu car Dieu ne peut être, non plus que la vérité, objet de possession. Et Dieu reste en nous imaginaire aussi longtemps qu'on croit l'éprouver comme on éprouve le monde des choses, le monde des êtres ou le monde des idées. Une grande partie de l'œuvre de Simone Weil conserve un aspect agnostique, et sa volonté de sauver, de chaque religion et de chaque philosophie, la part de vérité qu'elle recèle a pu faire croire qu'elle cultivait au fond d'elle-même un certain syncrétisme. Mais cette attitude était plutôt l'effet de sa brûlante charité. Son *Dernier texte* lève toute ambiguïté : « Je crois en Dieu, à la Trinité, à l'Incarnation, à la Rédemption, à l'Eucharistie, aux enseignements de l'Évangile. » Voilà qui, faisant suite à la *Théorie des Sacrements*, inscrit son message dans l'éternité.

Tout s'achève et tout commence le 24 août 1943 à Ashford dans le Kent. « Nous n'étions que sept à suivre son enterrement », écrira Maurice Schumann dans le beau livre où il évoque son souvenir, *La mort née de leur propre vie*, en écho à Rainer Maria Rilke : « Ô mon Dieu, donne à chacun sa propre mort/Donne à chacun la mort née de sa propre vie. » On ne pouvait mieux rendre compte de la fin souffrante de Simone Weil, de cette fin où elle poussa si loin l'esprit de sacrifice que certains ont cru y voir une sorte de suicide. Certes elle voulut cette mort, mais comme on consent au martyre, ce qui est bien autre chose.

Dimanche de Pentecôte 1999.

Vere tu es Deus absconditus.

Isaïe.

Simone Weil a peu à peu livré son message, mais il demeure initiatique et sa vision du monde est une vision tragique qui mène au Dieu caché dont le Christ révèle plus l'existence que l'être, puisque Simone Weil ne sera retenue aux portes du christianisme que par son refus obstiné de certains aspects du Testament. Ce refus lui a d'ailleurs valu depuis sa mort volontaire au sanatorium d'Ashford, le 24 août 1943, une rancune grandissante d'une partie d'un judaïsme militant probablement inspiré davantage par des motivations politiques que par des raisons religieuses. Ceux qui, tels Gustave Thibon, le Père Perrin, Maurice Schumann, furent ses amis durant les dernières années de sa vie ; ceux qui, tel Albert Camus, ne la connurent et ne l'aimèrent qu'après sa mort, ont donc arraché et livré au public les notes, les essais, les articles que, de son vivant, Simone Weil avait conservés, comme des ébauches, pour la seule exploration de son domaine intérieur.

Dès 1959 et 1960 deux ouvrages sont parus, le premier groupant les notes conservées par une élève attentive du lycée de Roanne où Simone Weil exerça pendant une année son professorat de philosophie [1], le second rassemblant une série d'études de philosophie politique publiées pour la plupart dans des revues d'action [2]. Vinrent en 1962 les *Pensées sans ordre concernant l'amour de Dieu* [3], qui révèlent

1. *Leçons de Philosophie de Simone Weil* (Roanne 1933-1934), présentées par Anne Reynaud (éd. Plon ; Paris, 1959). Nous nous devons de signaler également le précieux ouvrage de E. Piccard : *Simone Weil, essai biographique et critique suivi d'une Anthologie raisonnée des œuvres de Simone Weil* (éd. Presses Universitaires de France ; Paris, 1960).

2. Simone Weil, *Écrits historiques et politiques*, éd. Gallimard, Paris, 1960.

3. Simone Weil, *Pensées sans ordre concernant l'amour de Dieu*, éd. Gallimard, coll. Espoir, Paris, 1962.

des textes essentiels : je veux surtout parler de la *Théorie des Sacrements*, que Simone Weil adressa à Maurice Schumann en 1943, et du *Credo* – que les éditeurs intitulent *Dernier Texte* – qu'elle rédigea quelques jours sans doute avant sa mort à Ashford. Quoique nous ne soyons peut-être pas encore en possession de la totalité des écrits laissés par Simone Weil, il semble que nous puissions prendre connaissance et mesure de l'ensemble de ce que j'appellerai, non sans m'en justifier aussitôt, la vision tragique de Simone Weil.

Cet emprunt à la thèse de Lucien Goldmann [1] apparaîtra en effet plus encore comme un emprunt terminologique que comme un emprunt méthodologique. Le brillant essai de renouvellement de la critique philosophique et littéraire que constitue *Le Dieu caché*, ne laisse pas en effet de présenter, parallèlement à des intuitions profondes, un certain esprit de systématisation qui, à la limite, tendrait à imposer à l'étude de pensées très diverses un cadre d'analyse un peu trop rigide, un peu trop

1. Lucien Goldmann, *Le Dieu caché, Étude sur la vision tragique dans les « Pensées » de Pascal et dans le théâtre de Racine*, éd. Gallimard, Paris, 1955.

préfabriqué. L'œuvre de Lucien Goldmann, d'ailleurs, est assez dissociée à l'intérieur d'elle-même pour qu'on puisse en accepter l'analyse tragique et rester réservé sur l'analyse sociologique. Le plan sociologique reste, au regard du plan philosophique, un plan d'analyse des causalités, et les liens entre les causes et les effets n'apparaissent jamais rigoureux et démontrés que dans les sciences exactes, auxquelles nous n'avons jamais entendu dire que la sociologie appartienne. La sociologie, en tant que science, reste pour nous discursive et peu vérifiée : on me pardonnera ce scepticisme, qui est un doute d'honnête homme.

La vision tragique paraît devoir être le propre de génies inquiets de la race de Pascal ou Racine, et de Simone Weil – génies inquiets dont l'aspiration reste profondément mystique mais que l'emprise de l'exigence rationnelle enserre de toute part, et qui ne sauvent leur cohérence intime que par la conciliation des contraires, l'harmonie – qui pour Simone Weil sera d'essence pythagoricienne – d'une présence contrainte dans un monde refusé avec la perspective d'une vie meilleure en un monde inconnu, et caché. « Et dans cette perspective tragique, écrit Lucien Goldmann, pour laquelle clarté signifie avant tout conscience du caractère inéluctable des limites et surtout de la mort, qui ne connaît aucun avenir historique[1], la grandeur consiste avant tout dans l'acceptation consciente et voulue de la souffrance et de la mort, acceptation qui transforme une vie en destinée exemplaire. La grandeur tragique fait d'une souffrance subie, inspirée à l'homme par un monde dépourvu d'âme et de conscience, une souffrance voulue et créatrice, un dépassement de la misère humaine par l'acte significatif de l'être qui refuse le compromis et le relatif au nom d'une exigence essentielle de vérité et d'absolu[2]. »

Conscience et acceptation de la souffrance et de la mort : ce sont les deux sources d'énergie qui, de l'École normale supérieure au sanatorium d'Ashford, devaient guider la vie et la pensée de Simone Weil : « À force de souffrance on use le JE, et on l'abolit quand la

1. Pour Lucien Goldmann, dont la pensée est marxiste, l'avenir historique est la dimension principale du temps ; il en fait la dimension unique en quoi est toute mesure de l'humanité et de son devenir. Simone Weil pense, au contraire, que le temps n'existe pas, sa seule apparence étant le présent.

2. Lucien Goldmann, *Le Dieu caché*, p. 90.

souffrance va jusqu'à la mort [1]. » En deçà de la mort, sur le chemin de la mort, la vie s'actualise conformément à une incarnation, à une passion individuelle où se déroule la tragédie : « La tragédie, écrit encore Lucien Goldmann [2], ne connaît qu'une forme de pensée et d'attitude valable, le oui et le non, le paradoxe. Y vivre sans y prendre de part et de goût [3]. » C'est la ligne même que se traçait Simone Weil dans ses *Écrits de Londres*, ligne qu'en fait elle suivait déjà depuis dix années avec un dur courage : « Être détaché des fruits de l'action. Il faut pour cela une architecture en profondeur de l'âme. Car la partie de l'âme qui agit doit être passionnément tendue vers le fruit de l'action. Une autre partie doit être détachée [4]. »

---

1. Simone Weil, *Cahier II*, p. 232, éd. Plon, Paris, 1953.
2. On doit rappeler que la thèse de Lucien Goldmann prend sa source dans l'ouvrage de Georg von Lukács : *Die Seele und die Formen* (*L'Âme et les formes*), publié à Berlin en 1911. Dans le chapitre intitulé « Métaphysique de la tragédie », Georg von Lukács écrivait : « La tragédie est un jeu... un jeu dont Dieu est le spectateur. Il n'est que spectateur et jamais sa parole ou ses actes ne se mêlent aux paroles et aux gestes des acteurs. »
3. Lucien Goldmann, *Le Dieu caché*, p. 60.
4. Simone Weil, *La Connaissance surnaturelle, Cahiers d'Amérique*, p. 162, éd. Gallimard, collection Espoir, Paris, 1950.

L'expérience de Simone Weil – expérience que je serais tenté, pour rappeler un autre itinéraire secret et mal connu, de nommer *expérience intérieure*[1] – apparaît donc aussi proche d'une conscience tragique du monde que d'une philosophie mystique[2]. Mais les querelles de mots ne doivent pas égarer sur la portée vraie des idées qu'ils cachent souvent avec un soin indiscret. En Simone Weil est cette âme en partie double, d'un côté passionnément à l'action, de l'autre infiniment détachée de soi-même et de tout, et dont le dédoublement tragique guide l'analyse de l'œuvre et l'intelligence du personnage même.

*

* *

1. Georges Bataille, *l'Expérience intérieure* : « J'entends par expérience intérieure celle que d'habitude on nomme expérience mystique » (éd. Gallimard, Les Essais XIII ; Paris, 1943). D'autre part Georges Bataille parle de dramatisation de l'existence (« ... on n'atteint des états d'extase ou de ravissement qu'en dramatisant l'existence en général », p. 26), mais Lucien Goldmann observe que Lukács se sert indistinctement des termes de tragédie et de drame.

2. Cf. à ce sujet l'ouvrage de Gaston Kempffner : *La Philosophie mystique de Simone Weil*, éd. La Colombe, Paris, 1960.

Simone Weil, philosophe métaphysicienne si ardemment tendue vers la découverte du sens profond des choses, laisse dans ses *Écrits historiques et politiques* un témoignage du sens aigu qu'elle eut de la réalité du monde passé et présent. Et cette non-violente n'aura connu qu'une seule violence : celle que l'indignation suscite au-dedans de soi et qui monte en révolte et en appels pathétiques. Durant les années trente elle a vu se former, dans la plus complète insouciance des nations, un à un les signes prémonitoires de cette guerre qui fut pour l'Europe une sorte de tentative de suicide collectif : aussi peut-on s'étonner de voir coexister en elle une vue aussi lucide sur la nature vraie de l'hitlérisme et un pacifisme extrême qui fit d'elle une munichoise – attitude dont les éditeurs nous indiquent d'ailleurs qu'elle ne l'approuvait plus pleinement à la fin de sa vie. Mais c'est que Simone Weil a l'intelligence trop haute pour pratiquer ce manichéisme moral qui, jusqu'en politique, sépare les bons et les méchants, et que pour elle une certaine forme du mythe de la France éternelle contient autant d'hégémonie en puissance que le slogan : *Ein Volk ; ein Reich, ein Führer* [1].

1. Simone Weil, *Écrits historiques et politiques : Réflexions sur les origines de l'hitlérisme*, p. 13.

Dans un essai profond sur la nature de la guerre, intitulé : *Ne recommençons pas la guerre de Troie*[1], Simone Weil montre que le mythe d'Hélène incarne et symbolise toutes les raisons qui peuvent pousser les hommes à se faire la guerre, car Hélène « était si évidemment hors de proportion avec cette gigantesque bataille qu'aux yeux de tous elle constituait simplement le symbole du véritable enjeu ; mais le véritable enjeu, personne ne le définissait et il ne pouvait être défini, car il n'existait pas. (...) Aucun n'estimait que c'était payer trop cher, parce que tous poursuivaient un néant dont la valeur se mesurait uniquement au prix qu'il fallait payer. (...) Pour nos contemporains, ce sont les mots ornés de majuscules qui jouent ce *rôle d'Hélène* ». La guerre est la seule chose haïssable, parce qu'elle est faite sur des mensonges dont est en partie responsable le « pouvoir des mots » qui, faute de saisir le réel qui leur échappe, se portent sur l'imaginaire et engendrent la mystification, qui est le fourvoiement de l'élan mystique retombé. Que l'Allemagne et la France, le communisme et

1. Simone Weil, *Écrits historiques et politiques*, p. 256. Ce texte date de 1937.

le fascisme se fassent la guerre, pour Simone Weil l'engrenage du mensonge est le même : « L'homme de droite et l'homme de gauche oublient tous deux que de longs mois de guerre civile ont peu à peu amené dans les deux camps un régime presque identique. Chacun des deux a perdu son idéal sans s'en apercevoir, en lui substituant une entité vide ; pour chacun des deux, la victoire de ce qu'il nomme encore son idée ne peut plus se définir que par l'extermination de l'adversaire ; et chacun des deux, si on lui parle de paix, répondra avec mépris par l'argument massue, l'argument de Minerve dans Homère, l'argument de Poincaré en 1917 : les morts ne le veulent pas. » On peut croire que Simone Weil – qui, quoique non combattante, prit part à la guerre d'Espagne – sait ce dont elle parle, et le fait avec une probité intellectuelle et une lucidité rares.

S'il me semble utile d'insister sur ces idées, c'est parce que je crois qu'on n'a pu accuser Simone Weil d'anarchisme que par méprise (ou par vengeance), et que j'entends en faire justice. Il y a, pour Simone Weil, un ordre dans le monde, dont elle a cru trouver l'image parfaite et comme la divine prescience dans la symbolique de la géométrie et du nombre grecs. L'ordre des choses est pour elle à ce niveau ; c'est un niveau autre – et, je pense, plus élevé – que ceux où s'équilibrent, ou ne s'équilibrent pas, les rapports de production ou les rapports sociaux qui, aux yeux de Simone Weil, ne fermentent tant à la surface de la terre que parce que les mobiles bas dégagent plus d'énergie que les mobiles élevés. C'est au niveau des mobiles bas que les hommes comme les peuples aspirent à se défendre comme à exterminer, les deux mouvements étant liés par la double courroie de transmission du bellicisme et du faux honneur – ce dernier nommé *point d'honneur féodal*, qui est soif d'orgueil et non de justice (car l'estime que l'on est en droit de vouloir se conserver à soi-même n'est jamais atteinte par la violence subie).

Justice et justesse se confondent. Cette fervente du Christ des douleurs doute du Dieu des Juifs – son Dieu cependant – à cause du sacrifice qu'il exige d'Abraham et de sa dureté pour son peuple : « Croire que Dieu peut ordonner aux hommes des actes atroces d'injustice et de cruauté, c'est la plus grande erreur qu'on puisse commettre à son égard[1]. » De même, à ses yeux, la France de 1936 n'est-elle pas toute pure dans son affrontement avec le nazisme, et cela en grande partie à cause du péché colonial, du péché *romain* : « Le mal que l'Allemagne aurait fait à l'Europe si l'Angleterre n'avait pas empêché la victoire allemande, c'est le mal que fait la colonisation, c'est le déracinement. Elle aurait privé les pays conquis de leur passé. La perte du passé, c'est la chute de la servitude coloniale[2]. » Cependant cette servitude même n'est pas analysée en termes de rancune et de haine comme le feraient de ces nationalismes adverses que l'on connaît aujourd'hui et qui, abusant de l'estime acquise dans le malheur, sont prêts à donner libre cours à leur propre impérialisme naissant, mais au contraire tout est examiné avec un discernement parfait des nuances avec les-

1. Simone Weil, *Lettre à un religieux*, éd. Gallimard, collection Espoir, Paris, 1951. Sur cette position particulière de Simone Weil, cf. *Cahiers* III, pp. 239-240, éd. Plon, Paris, 1956, et l'*Anthologie* de E. Piccard, pp. 222-223.

2. Simone Weil, *Écrits historiques et politiques* : « À propos de la question coloniale », p. 368 (texte écrit à Londres, en 1943, pour les Services de la France libre). Simone Weil écrit encore : « La perte du passé, c'est la perte du surnaturel », p. 375.

quelles le fait colonial doit être condamné, et la décolonisation réalisée. Dès 1934, Simone Weil a perçu que les menées anti-françaises étaient en Algérie moins le fait d'un Messali Hadj que des Européens qui, sur place, défiguraient le vrai visage de la France parce qu'ils traitaient les indigènes comme de la matière (voilà bien, selon elle, le matérialisme) et non comme des hommes à élever, non comme des semblables en qui l'on se respecte soi-même. Avec une rare précision, avec une implacable rigueur, Simone Weil a stigmatisé en leur temps même les gouvernements du Front populaire et leur incroyable carence où, à l'hypocrisie humanitariste, se mêlait un égoïsme de classe déguisé en aspiration à une meilleure justice sociale. Et de ce Front populaire qui ne fit rien à ce Front républicain qui ne fit rien non plus, ou plutôt qui l'un et l'autre réprimèrent, Simone Weil eût reconnu l'immortelle parenté d'une gauche égoïste et veule qu'elle n'aimait pas, et dont elle n'était pas : « J'ai honte, écrivait-elle en 1938, des démocrates français, des socialistes français, de la classe ouvrière française[1]. »

1. Simone Weil, *Écrits historiques et politiques* : « Qui est coupable de menées anti-françaises ? », p. 341. Les éditeurs pensent que ce texte est de 1938.

Simone Weil fut donc – avec André Gide, avec Henry de Montherlant [1] –, l'une des rares personnes intelligentes, et accessoirement « intellectuelles », en France, à avoir, dès les années trente, montré ce qu'était le fait colonial et dit le potentiel de rancœur qu'il accumulait dans l'indifférence générale.

Simone Weil ne vit pas uniquement les grandes conséquences des faits humains, elle eut quant à leur devenir des desseins poli-

1. À une heure où l'on dut entendre les pires cuistres s'ériger en juges et mettre « en accusation » (*Arts*, 29 mars 1961) un Montherlant prétendument « vieille vague », il n'était pas inutile de rappeler, comme le fit Gabriel Matzneff, que Montherlant, « bien avant que ce soit à la mode, s'est indigné de la condition faite aux musulmans d'A.F.N. et a écrit le premier roman anticolonialiste de notre histoire littéraire » (« Montherlant ou le prix de la liberté », *Combat*, 25 et 26 mars 1961). En sus d'avoir écrit *La Rose de sable*, Montherlant publiait, en 1935, dans *Service Inutile*, un article écrit en 1933 où il demandait : « Ne serait-il pas du style de la France d'élever une statue à ceux qu'elle a soumis, dans une lutte où à coup sûr ce n'était pas eux qui étaient venus nous chercher, et où, s'ils nous ont causé quelque mal, il faut bien dire que c'était de bonne guerre ? » Non sans lucidité, Montherlant résumait alors lui-même la réaction de la gauche à sa proposition : « Il a raison, mais il n'est pas des nôtres, étouffons cela. » La politique française s'est nourrie pendant trente ans d'étouffements.

tiques. Ainsi avait-elle parfaitement vu que le problème de la décolonisation ne se poserait pas de la même façon pour tous les pays sous tutelle, que cette décolonisation ne saurait être de même nature pour l'Indochine, pour le Maghreb et pour l'Afrique au sud du Sahara. Ses vues de synthèse n'avaient pas négligé l'analyse : « La partie arabe de l'Afrique, écrivait-elle en 1943, pourrait retrouver une vie propre sans perdre toute espèce de lien avec la France. Quant à l'Afrique noire, il semble raisonnable que pour les problèmes d'ensemble elle dépende tout entière de l'Europe entière, et que pour le reste elle reprenne une vie heureuse village par village [1]. » On a, je pense, bien lu : cette phrase contenait la double idée d'un Maghreb qui ne se ferait pas contre la France, et d'une Eurafrique où se stabiliseraient les libertés retrouvées. Le destin des civilisations se profile derrière les conflits politiques. Ces conflits eussent-ils été pressentis, évités ; eût-on quelquefois écouté les visionnaires, les chimériques, les rêveurs qui ne rêvent qu'à un peu d'intelligence mêlée à un peu de cœur,

1. Simone Weil, *Écrits historiques et politiques* : « À propos de la question coloniale », p. 371.

qu'il est permis de gager que le cours des années cinquante et soixante eût été modifié et que l'Occident européen eût trouvé pour se survivre des voies mieux conformes à son génie qui est, comme le pensait Simone Weil, un génie essentiellement hellénique en dépit de l'empreinte que lui a imprimé la civilisation romaine, dont la structure dominatrice prévaut encore formellement sur cette infrastructure, sur cette âme infiniment intelligente de la pensée socratique mise en idées par Platon. « L'origine de notre civilisation, dit Simone Weil, est grecque. Nous n'avons reçu des latins que la notion d'État, et l'usage que nous en faisons donne à penser que c'est un mauvais héritage[1] » – héritage que Simone Weil identifie impitoyablement jusque dans l'hitlérisme.

Pour Simone Weil, la pensée hellénique fut le premier dialogue de l'Occident avec l'Orient. Les Grecs puisèrent en Égypte et en Phénicie les éléments dont ils allaient pétrir la culture qui les immortalise. La civilisation européenne doit continuer de se féconder à l'Orient, et de féconder l'Orient. C'est même pour l'Europe

1. *Idem*, p. 372.

le seul moyen « d'éviter d'être décomposée par l'influence américaine » : or une « américanisation de l'Europe préparerait sans doute une américanisation du globe terrestre[1] » – qui n'exclurait probablement pas même la diffusion des préjugés raciaux, du « péché vraiment capital » (Etiemble). Le mot influence, pour l'Amérique, est du reste bien pris, car il n'y a pas, il ne peut y avoir de civilisation et encore moins de culture américaine. D'ailleurs n'y a-t-il pas non plus de civilisation occidentale, hormis dans les discours officiels sur l'utilité de l'Organisation du Traité de l'Atlantique Nord. Emmanuel Berl s'interrogeait jadis[2] sur le sens exact du concept de civilisation et l'opposait à celui de culture. C'est donc un propos d'actualité en un temps où l'américanomanie de la décadence européenne a précisément aidé à vulgariser les idéaux alimentaires du Plan Marshall, et où l'efficacité des notions de « civilisation du chouinegome », de « civilisation du Coca-Cola », de « civilisation

1. Simone Weil, *Écrits historiques et politiques* : « À propos de la question coloniale, p. 375.

2. Emmanuel Berl, *Civilisation romaine ?*, La Table Ronde, janvier 1961.

du pétrole », etc., a fait d'aussi dramatiques ravages dans la mentalité de peuples dont on croyait la culture ancienne et solide. L'« american way of life » peut passer pour une philosophie dans la mesure où les mots n'ont plus aucun sens et où l'intelligence se modèle sur les slogans. Le concept de civilisation n'en reste donc pas moins douteux, lors même que son ambiguïté se dissimule sous l'apparente logique d'une caractérisation simplifiée. Dans un de ses cours de philosophie économique, mon vieux maître Daniel Villey nous donna la seule formulation qui me paraisse valable, ou du moins utilisable, définissant la civilisation comme un « complexe de préjugés symphérontologiques communs » – formulation excellente en vérité, sauf à remplacer peut-être communs par dominants.

Mais par contre il existe, comme Simone Weil y a insisté, une culture européenne, de souche méditerranéenne, bien réelle, à sauver, à revivifier, à réinventer. « Plutôt qu'un lieudit, l'Europe est un climat spirituel », écrivait Jérôme Carcopino rêvant à Rome[1]. Pour Simone Weil,

1. Jérôme Carcopino, *Les Étapes de l'impérialisme romain*, p. 258, éd. Hachette, Paris, 1961.

cela ne pouvait s'entendre autrement que comme un héritage de la source grecque ; elle se fût scandalisée qu'on insinuât que ce sont les Romains qui inventèrent l'esprit, comme semblent le croire les chantres modernes de l'impérialisme latin. L'œuvre de Simone Weil exprime une vision du monde qui n'est pas compatible avec l'ordre politique et guerrier dont Rome est la synthèse et l'expression. Il faut admettre qu'elle ait été excessive et sans nuance comme venant de son âme même. Elle a répandu de la lumière sur tout ce qu'elle a regardé, mais les demi-jours et les ombres portées n'étaient pas son fort, non plus que la bêtise n'était le fort de M. Teste. Nul ne peut tenter d'annexer ou d'atténuer Simone Weil au prix de découpages ou de coupables silences : trop éblouies sont les pages qu'elle nous a laissées pour supporter l'ombre d'une hypocrisie, l'atteinte d'une trahison. Visionnaire d'une vision rationnelle, elle étonne ceux-là même qui eussent aimé diminuer la portée de son message pour cause d'irréalisme : ils ne peuvent. En tout elle voit l'évidence et n'en est pas désespérée, encore qu'il y ait en elle autant de volonté que d'espoir : parce qu'elle connaît que tout mal est essentiellement fini. C'est le regard qui ne voit pas, qui ne peut mesurer ce qu'il ne voit pas. La vision claire délimite et permet au regard de dominer le monde fini. La brume est en soi, l'imaginaire est en soi, l'erreur de jugement tient à une mauvaise interprétation du monde, de même que l'état de malheur. Pour qui sonde la nécessité, le monde humain se fixe dans son mouvement naturel, retrouve sa juste transcription philosophique : « La nécessité qui constitue le mécanisme de la matière n'est pas autre chose qu'un tissu de rapports ; et la réalité du monde extérieur n'est pas constituée par autre chose que par la nécessité[1] » : c'est aux Grecs encore que Simone Weil doit cette intelligence du monde. Alors tous les rapports s'enchaînent – non : s'engendrent, car il s'agit moins d'une sujétion que d'une filiation. L'ordre du monde est tissé de rapports. Rapports de Dieu

1. Simone Weil, *La Source grecque*, pp. 157-158, éd. Gallimard, collection Espoir, Paris, 1953. Plus loin, Simone Weil écrit encore : « Voici la découverte qui avait enivré les Grecs : la réalité de l'univers sensible est constituée par une nécessité dont les lois sont l'expression symbolique des mystères de la foi », p. 159.

avec le monde, dont nous verrons Simone Weil composer cette foi si difficile à définir et cependant si ardente. Rapports de l'homme avec le monde et ses semblables, dont l'intelligence est poussée jusque dans l'analyse politique, sociale, historique. Cette géométrie de l'intelligence est à la pensée de Simone Weil ce qu'elle était à la pensée de Platon : un pont vers Dieu ; tout est architecture – cette « architecture en profondeur de l'âme » – et proportions, c'est-à-dire rapports, dans le Parthénon de l'Esprit. L'âme et l'intelligence, d'ailleurs, constituent le couple géniteur de l'idée. L'intelligence éclaire l'âme ; l'âme maintient l'intelligence sous l'exact rapport qui la retient de l'erreur. « Toute la civilisation grecque est une recherche de ponts à lancer entre la misère humaine et la perfection divine[1] » : une grande idée oubliée nous est rendue *vivante*.

Selon Descartes, la vérité se recherche par la lumière naturelle. Étonnamment cartésienne nous apparaît Simone Weil dans les *Leçons de Philosophie* qu'elle professa à Roanne de 1933 à 1934. Ce ne furent pas de *Célèbres Leçons*,

---

1. Simone Weil, *La Source grecque*, p. 68.

ainsi que des disciples fervents ont pu appeler les leçons de Jules Lagneau, mais une sorte de dialogue socratique où l'interrogation de l'élève n'est pas mentionnée, mais se devine dans cet enseignement qui ressemble toujours à une réponse. On ne sait ce dont il faut s'étonner le plus, de la clarté ou du rationalisme de celle qui devait approcher les expériences mystiques les plus vraies. Simone Weil fut formée à l'école de cet *intellectualisme critique* de source kantienne qui se fonde sur la raison mais en démarque partout les limites ; Alain fut son maître. Cartésienne donc, mais dualiste selon la tradition platonicienne, Simone Weil dès cette époque accorde à la matière tout ce qu'on peut légitimement lui accorder, pour n'introduire l'esprit qu'au point exact où l'explication matérialiste est en défaut. Sa réflexion philosophique peut être un modèle pour ceux qui ont la charge d'initier les apprentis à la science de la sagesse : elle pensait devant son auditoire, s'appuyait constamment sur l'exemple concret, sur la littérature et sur l'art. Agnostique en quête d'une vérité, à aucun moment elle ne force la démonstration ni ne fait parler d'abord ses convictions profondes ; intellectuellement, elle n'a jamais rien mis au-dessus de la probité.

« Lecteur, au sortir de ces landes arides qu'il a bien fallu traverser, je souhaite que jeunesse te garde », écrivait mélancoliquement Alain aux dernières pages de ses *Éléments de Philosophie.* Simone Weil fut son élève, mais il est vrai que ses *Leçons* paraissent en bien des points moins arides que ne le furent celles du maître. Éloigné d'Alain par le ton général qu'elle donne à son cours, elle reste cependant sa disciple par le souci permanent qu'elle a de toujours mettre l'esprit en acte : de la perception, géométrie élémentaire en même temps que gymnastique, jusqu'au raisonnement mathématique et au jugement moral, partout on retrouve la marque du maître à penser juste que fut Émile Chartier.

De même est proche encore d'Alain cette volonté de ne poser les problèmes que pour mieux parvenir à une morale bonne à l'homme. Mais déjà Simone Weil est proche d'un certain humanitarisme dont Alain se fût gardé, au point de se préoccuper autant du bonheur des peuples que des bonheurs individuels. Sa sociologie est inspirée par une philosophie de militante, encore qu'elle conserve toujours comme seule préoccupation scientifique « d'étudier la société comme la biologie en étudiant les conditions d'équilibre[1] ». Mais lorsqu'elle définit ce qu'elle appelle « nos devoirs vis-à-vis des phénomènes sociaux », déjà en elle s'annonce celle qui se fera ouvrière pour *comprendre* : « L'homme est ainsi fait que celui qui écrase ne sent rien, et que c'est celui qui est écrasé qui sent. Tant qu'on ne s'est pas mis du côté des opprimés pour sentir avec eux, on ne peut pas se rendre compte[2]. »

Cependant, à aucun moment on ne voit cette intelligence de la souffrance humaine faire perdre à Simone Weil le jugement. Elle maintient la distinction entre ce que sont les conditions sociales en des lieux et des moments donnés, et les conditions technologiques de la société industrielle, qui tiennent à des lois que les hommes contrôlent imparfaitement. Elle écrit très justement : « Chez les Russes, le patron est parti, mais l'usine est restée. Cela revient au même. *La loi de la vie économique actuelle, c'est l'accumulation*[3] » – alors que le marxisme repose implicitement sur l'illusion d'un dépassement possible des contraintes technologiques

1. Anne Reynaud, *Leçons de philosophie de Simone Weil :* « Sociologie », p. 129.
2. *Idem*, p. 139.
3. *Idem*, p. 150.

de la société industrielle, contraintes attribuées sans aucune raison aux seuls rapports de production.

Ce que Simone Weil voit parfaitement, c'est que s'il est possible de modifier la distribution des richesses produites, il n'appartient pas aux hommes d'accroître indéfiniment cette production. La lutte des classes lui semble être la fausse solution par excellence, une perte d'énergie pour le vrai combat de l'homme, qui est de rendre ce monde meilleur par les efforts de paix et d'amour qu'appelle la tragédie quotidienne de ses antagonismes dégénérés en haines. La lutte des classes, c'est l'excitant du peuple, que ne suit aucun mieux-être ni aucune victoire sur soi-même, c'est une lutte dont la logique exige un vainqueur et un vaincu, une victoire et une destruction, et qui par conséquent est une forme de volonté dominatrice et un échec de la condition humaine dans son effort pour accomplir sa montée et parfaire sa réconciliation avec *l'âme du monde.* « Le sentiment révolutionnaire, a écrit Simone Weil dans *La Condition ouvrière*[1],

1. Simone Weil, *La Condition ouvrière*, pp. 263-264, éd. Gallimard, collection Espoir, Paris, 1951 ; et cf. *l'Anthologie* de E. Piccard, pp. 214-215.

est d'abord chez la plupart une révolte contre l'injustice, mais il devient rapidement chez beaucoup, comme il est devenu historiquement, un impérialisme ouvrier tout à fait analogue à l'impérialisme national. Il a pour objet la domination tout à fait illimitée d'une certaine collectivité sur l'humanité tout entière et sur tous les aspects de la vie humaine. L'absurdité est que, dans ce rêve, la domination serait aux mains de ceux qui exécutent et qui par suite ne peuvent pas dominer [1]. En tant que révolte contre l'injustice sociale, l'idée révolutionnaire est bonne et saine. En tant que révolte contre le malheur essentiel à la condition même des travailleurs, elle est un mensonge [2]. »

Ce n'est donc pas l'idée révolutionnaire en soi, mais le marxisme, que Simone Weil combat. L'exigence morale est, pour elle, une exigence de perfection et d'amour. À la morale de la révolution qui justifie par la fin tous les

---

1. Ils ne peuvent pas user de leur pouvoir, et en sont dépossédés par une bureaucratie qui se réclame d'eux d'abord, assume la dictature du prolétariat, puis les écrase ensuite en leur propre nom comme ils ne le furent jamais. L'échec moral de cette dictature est dans son refus de personnaliser l'homme.

2. Simone Weil, *La Condition ouvrière*, pp. 263-264.

moyens susceptibles de l'atteindre, elle oppose une morale spiritualiste où seule l'intégrité absolue et pure des moyens converge vers le point oméga où se recompose l'humanité sauvée. La morale se définit chez Simone Weil par le degré de lumière qui est dans l'âme et accompagne chaque action, la pureté par le pouvoir de contempler la souillure sans avoir à craindre d'être absorbée en elle. Lutter n'est donc pas une morale pour l'homme, non plus que pour un peuple ou une classe, même souffrante, d'individus. C'est le communisme, Simone Weil l'a écrit, elle qui fut ouvrière pour comprendre et non pour singer, c'est le communisme qui est l'opium du peuple ; c'est la croyance absurde en des lendemains qui chantent et qui ne viennent pas qui supprime l'âme pour galvaniser les énergies en une action toute tendue aux fins terrestres d'un combat. Pour la conscience tragique, écrit Lucien Goldmann, il y a « refus radical d'accepter ce monde comme seule chance et seule perspective de l'homme. (...) C'est pourquoi la vision tragique est... un retour à la *morale* et à la *religion*, à condition de prendre ce dernier mot dans son sens le plus vaste de *foi* en un ensemble de valeurs qui *transcendent l'indi-*

vidu[1] ». Du fascisme au communisme, c'est toujours une illusion sur l'homme et sur les moyens de l'homme qui est à la base de tous les totalitarismes. C'est aussi qu'il y a, pour Simone Weil, une parenté *innée* du mal avec la force, une parenté *innée* du bien avec la faiblesse, avec le néant. Mais sa mystique éclairera cela, mieux que ses pensées politiques. Car si, sur le plan politique, tout est chez elle sous l'éclairage de la mystique, tout se tient néanmoins, sans cet éclairage, au plan de la logique où se résolvent les faits confrontés. Elle juge et critique Marx au plan sociologique et économique où il a posé le principe de sa philosophie historique. Trompé par les illusions que lui donnait l'ère de prospérité relativement accélérée qu'il vécut, Marx avait cru qu'une production dont les moyens changeraient de mains progresserait au rythme des besoins, sinon des désirs. « Il y a chez Marx, dit Simone Weil, un deuxième élément mythologique : la confusion entre l'idée de progrès économique et celle de progrès moral[2]. » Ailleurs,

1. Lucien Goldmann, *Le Dieu caché*, p. 43.

2. Anne Reynaud, *Leçons de philosophie de Simone Weil :* « Sociologie », p. 144.

elle relie encore les plans, écrivant de l'idée de progrès : « L'idée athée par excellence est l'idée de progrès, qui est la négation de la preuve ontologique expérimentale ; elle implique que le médiocre peut de lui-même produire du meilleur [1]. » Un messianisme à dimension purement historique est donc aux antipodes d'une pensée ardente mais qui refuse de s'illusionner, qui ne croit pas à la terre en tant que fin. Ce messianisme a abouti à ce que René Gonnard appelait une « dramaturgie économique abstraite et syllogistique », à ce qui apparaît aujourd'hui comme une véritable logomachie à double prétention mystique et scientifique, qu'infirment l'une et l'autre les réalités objectives observées depuis un siècle. En économique, Simone Weil croit essentiellement aux valeurs de *coopération* humaine. Elle annonce François Perroux.

Mais son jugement n'est pas moins lucide lorsqu'il porte sur la nature de l'État bourgeois : « Toutes les lois qui garantissent la liberté et l'égalité en République sont des illusions parce que l'État n'est ni contrôlé ni contrôlable [2]. »

1. Simone Weil, *Cahiers III*, p. 36.
2. Anne Reynaud, *Leçons de philosophie de Simone Weil :* « Sociologie », p. 156.

Relent d'anarchisme ? « L'obéissance, dit-elle encore, est une nécessité, non un devoir[1]. » N'est-ce pas au contraire la définition la plus acceptable d'une chose absurde ? Le portrait d'une Simone Weil anarchisante, cathare et dépourvue de bon sens que j'ai entendu faire par certain critique en renom, relève d'une vue la plus imaginaire et déformée de ce que fut cette philosophe d'une intelligence supérieure et toujours maîtrisée. L'esprit reste, chez elle, le ministre du cœur, comme le voulait Auguste Comte. Elle fut une assoiffée de vérité démontrée, mais jamais pour autre chose que pour mieux servir la vérité profonde du sentiment qui peut seul donner à la pensée efficacité, énergie et ferveur. Car c'est de l'âme que viennent puissance et force, et l'esprit lui-même n'a que de la lumière. Simone Weil utilise la lumière de l'esprit mais ne s'en satisfait pas. Lourde d'une tendresse que rend sensible le frémissement de ses phrases, dont la brièveté n'est jamais sèche, mais ardeur contenue, elle aspire à une vérité qui aurait cette chaleur dont manquent les connaissances atteintes par

1. Anne Reynaud, *Leçons de philosophie de Simone Weil : « Sociologie »*, p. 156.

la seule raison. Son mysticisme est cette tension de l'âme vers une vérité au-delà de tout, où se réconcilient le cœur et la raison, le mystère et la conscience (conscience qui déjà chez elle n'est pas seulement analyse, mais vision, ainsi que l'avait de son côté pressenti le Père Teilhard de Chardin). Pour Simone Weil plus que pour quiconque Dieu est, selon Spinoza, « le seul objet d'amour qui ne déçoive pas », et la foi la grâce dont Dieu récompense cet amour *s'il est inconditionnel.* Car pour elle il sera l'épreuve du don de soi le plus absolu, un amour tout oblatif qui, pour l'être fini, ne peut s'accomplir que dans la consomption totale, l'anéantissement du JE dans la *dé-création*, seule réponse possible à la souffrance du Dieu créateur : « L'énergie nécessaire réside en moi, puisque j'en ai assez pour vivre. Je dois l'arracher de moi, dussé-je en mourir [1]. »

*
* *

Simone Weil rencontra le Christ, l'homme

---

1. Simone Weil, *La Pesanteur et la grâce*, éd. Plon, Paris, 1948.

des douleurs, le symbole qui subit toute injustice et qui fut tout oubli, en qui Dieu refait son acte créateur, en qui l'homme est renouvelé dans sa dette d'amour et dans cette espérance qui est « la connaissance que le mal que l'on porte en soi est fini [1] ».

En 1938, Simone Weil est à Solesmes pour la Semaine Sainte : « Il y avait là un jeune Anglais catholique qui m'a donné pour la première fois l'idée d'une vertu surnaturelle des sacrements, par l'éclat véritablement angélique dont il paraissait revêtu après avoir communié. » Par lui, Simone Weil connaît un poème anglais du XVIIe siècle intitulé *Amour* : « Je croyais le réciter seulement comme un beau poème, mais à mon insu cette récitation avait la vertu d'une prière. C'est au cours d'une de ces récitations que... le Christ lui-même est descendu et *m'a prise*[2]. » Pour ce don mystique, n'a-t-elle pas employé le même mot que pour le don charnel [3] ? « J'ai seulement senti, dit-elle encore,

1. Simone Weil, *La Pesanteur et la grâce.*

2. Simone Weil, *Attente de Dieu.*

3. « On prétend parfois que la pauvreté du langage oblige la mystique à emprunter le vocabulaire érotique : mais elle ne dispose aussi que d'un seul corps, et elle emprunte à l'amour terrestre non seulement des mots

à travers la souffrance la présence d'un amour analogue à celui qu'on lit dans le sourire d'un visage aimé. » Éternellement et désespérément subjective reste la valeur de cette expérience mystique, mais rarement auront été réunies des conditions aussi sûres de préobjectivité, d'intelligence, de raison, d'abnégation, d'essentielle pureté. Peu de femmes ont atteint par elles-mêmes cette grandeur et cette force, cette retenue et cette lucidité dans l'élan qui fait se quitter soi-même.

Dans son petit livre sur *la Philosophie mystique de Simone Weil*, Gaston Kempffner a opéré de minutieux rapprochements entre la pensée de Simone Weil et celle de multiples mystiques. Sans vouloir décrier les qualités réelles de ce bref ouvrage, qui constitue d'ailleurs par là même une véritable petite anthologie du mysticisme où les définitions du

---

mais des attitudes physiques ; elle a pour s'offrir à Dieu les mêmes conduites que lorsqu'elle s'offre à un homme. Cela ne diminue d'ailleurs en rien la valeur de ses sentiments (...). Le corps n'est jamais la cause des expériences subjectives puisqu'il est sous sa figure objective le sujet lui-même : celui-ci vit ses attitudes dans l'unité de son existence. » Simone de Beauvoir, *Le Deuxième sexe*, t. II, pp. 511-512, éd. Gallimard.

Vocabulaire philosophique de Lalande ne sont pas oubliées, je m'avoue dubitatif devant cette juxtaposition de mots, de formules, de cris qui couvrent des expériences trop diverses, des croyances opposées, et où l'imaginaire atteint parfois une élévation poétique telle qu'on ne le décèle plus pour le distinguer de ce qui vient de l'ascèse véritable. Ce genre d'élévation se trouvait déjà chez Lucain.

Les chemins mêmes du vrai mysticisme sont mal dénombrés. Celui de Simone Weil lui est propre ; son expérience lui est personnelle et elle est unique. C'est trop peu, par exemple, de dire que chez elle le mysticisme n'exclut pas l'agnosticisme : son mysticisme participe de son agnosticisme, en est le dépassement et la fin. Dans cette *Lettre à un religieux*[1] qui est un exceptionnel dialogue en profondeur entre la foi et le doute, et qui pour cela d'ailleurs ne comporte pas de conclusion, Simone Weil écrivait au Père Couturier : « Tout se passe comme si, sous la même dénomination de christianisme et à l'intérieur de la même organisation sociale, il y avait deux religions distinctes, celle des mystiques et l'autre. » L'atti-

1. Simone Weil, *Lettre à un religieux*, p. 41.

tude de Simone Weil vis-à-vis de l'Église est à la fois plus dure et plus juste que celle de Renan. Renan, dans ses *Souvenirs d'enfance et de jeunesse*, se donne l'indulgence que l'on peut avoir pour ce qu'on quitte ; Simone Weil, dans cette *Lettre*, où elle énumère les trente-cinq questions – qui, sous sa plume, deviennent de véritables sommations – dont la solution déterminerait son adhésion au christianisme, exprime l'exigence qu'on éprouve à l'endroit de l'objet d'un désir qui reste inférieur à ce que notre amour veut de lui. Pour elle, les mystiques expriment toute la vérité contenue dans chaque tradition religieuse[1]. Sa seule Église est au-dedans d'elle-même. Elle a pensé que le Christ la préférerait hors de l'Église. Cependant, on peut s'étonner, sinon de sa véhémence, du moins de cet excès d'exigence

1. « En fait, les mystiques de presque toutes les traditions se rejoignent presque jusqu'à l'identité. Ils constituent la vérité de chacune » – Simone Weil (*Lettre à un religieux*, p. 45). Sans doute est-ce un peu l'une des raisons pour lesquelles l'Église s'est souvent alarmée des tendances de la mystique : « À cause du danger que tous les concepts, dogmes et sacrements soient consumés par le feu de l'extase avec les formes et les images », selon la remarque de Juan Huinzinga (in *Le Déclin du Moyen Âge*).

rationnelle en un domaine dont elle écrivit par ailleurs : « Les mystères de la foi doivent être un objet de contemplation. Quand on écoute du Bach ou une mélodie grégorienne, toutes les difficultés de l'âme se taisent et se tendent pour apprécier cette chose parfaitement belle, chacune à sa façon. Intelligence entre autres ; elle n'y trouve rien à affirmer et à nier ; mais elle s'en nourrit. La foi ne doit-elle pas être une adhésion de cette espèce ? On dégrade les mystères de la foi en en faisant un objet d'affirmation et de négation, alors qu'ils doivent être un objet de contemplation[1]. » Sa seule Église aura donc bien été à l'intérieur d'elle-même, mais si cependant elle fut proche d'un corps ecclésial, ce fut du seul corps catholique. Et non pas pour les raisons qui le font souvent préférer aux autres, qui relèvent de l'Ordre dogmatique ou de la Fondation apostolique, dans lesquels se sont pour elle au contraire dégradées les formes de l'Église primitive. À ses yeux, « L'Église n'est parfaitement pure que sous un rapport : en tant que conservatrice des sacrements. Ce qui est parfait,

1. Simone Weil, *Cahiers II*, pp. 160-161 ; et *Anthologie* d'E. Piccard, p. 65.

ce n'est pas l'Église, c'est le corps et le sang du Christ sur les autels [1] ».

Mais « là tu te dégages, et voles selon » – j'aime à citer ce vers de Rimbaud, qui suggère le mouvement par lequel la pensée s'évade de toute cage et suit son propre envol. À cet égard Simone Weil est restée philosophe. Par le biais d'une philosophie qu'elle porta jusqu'à la contemplation, dont elle fit une science sacrée et un cheminement vers le divin, elle entretint avec elle-même et avec Dieu en elle-même un dialogue sur lequel elle nous laisse des témoignages où dans chaque phrase se presse la souffrance d'une âme crucifiée : « La méthode propre de la philosophie, a-t-elle écrit [2], consiste à concevoir clairement les problèmes insolubles dans leur insolubilité, puis à les contempler sans plus, fixement, inlassablement, pendant des années, sans aucun espoir, dans l'attente. » Peut-être est-ce ce que Paul Nizan eût appelé un « ouvrage de dame [3] », mais pour moi une telle idée est belle parce

1. Simone Weil, *Lettre à un religieux*, p. 46.
2. Simone Weil, *La Connaissance surnaturelle*, p. 305.
3. Paul Nizan, *Chiens de garde* (« Les Cahiers libres »), éd. François Maspéro, Paris, 1960.

qu'elle va contre *l'utilitarisme* de la pensée et insiste sur l'importance du *regard* pour parvenir à *l'intelligence* du monde. La philosophie est une pensée et une réflexion, une approche et une méditation, une sorte de soleil sous lequel les problèmes mûrissent comme des fruits, insensiblement et dans l'ignorance du plus grand nombre. Il s'agit moins de résoudre les problèmes que de les « faire voir » dans leur nudité, afin de donner un certain vertige à l'esprit, à l'âme si l'on veut – une émotion quant à soi-même. On prétend faire servir la philosophie à des desseins universels, mais l'universel commence par le soi irradiant, par l'intelligence personnelle qui est l'unique moyen de connaissance du monde. L'immense panorama que découvre la longue-vue, exige que l'on colle son œil à l'orifice le plus étroit – la lentille étant toute concentration en un seul lieu du sujet et de l'objet.

La position de Simone Weil, qui abrite un agnosticisme fervent, est autre chose même que le scepticisme : elle est plus pure, plus *scientifique*, s'il est possible d'user de ce mot, puisqu'elle peut être conçue sans stratagème de nature normative. Enfin elle rend tangible à l'esprit combien peut-être VOIR est plus important que comprendre, plus essentiel au devenir même de la pensée. Car la contemplation n'est sans doute pas du seul domaine de l'âme, mais engage aussi celui de la pensée la plus apparemment spéculative. Cette position d'attente, jugée peut-être facile par les esprits peu profonds, est en vérité difficile à l'être humain, toujours porté à intervenir et à résoudre, préférant couramment l'illusion d'une conclusion erronée à la dure contemplation d'une vérité qui ne se livre pas et préserve son mystère. Dans un essai sur *L'Espace et le temps chez Lawrence Durell*[1], J.-P. Hamard faisait cette remarque que « l'œil est l'organe qui offre toutes les tentations, les déploie avec plus de séduction et de finesse, mais est impuissant à assouvir le désir ». Simone Weil a dit aussi que toute la souffrance de l'homme vient de ce que *regarder et manger ne sont pas la même chose.* En grec, aimer et baiser se disent avec le même mot, donc signifient la même chose. Cela implique une identification entre désir et possession, entre regarder et manger. En ce sens, les Grecs furent donc plus proches que

1. J.-P. Jamard, *L'Espace et le temps chez Lawrence Durell* (*Critique*, mai 1960).

nous du vrai mystère de Dieu et les identifications qu'il implique entre l'être et l'objet de l'être, car ils avaient eu l'idée de la nécessaire *médiation* entre Dieu et le monde.

Chez Socrate, l'identification entre Dieu et la Raison, chez Platon, celle entre Dieu et l'Idée, furent des intuitions de l'unité perdue dont la rupture a fait naître l'attente. Du *Timée*, Simone Weil tire cette interprétation : « Dieu coupe en deux l'Âme du Monde. C'est la dualité (au sens des Hindous). La croix est la dualité. Pour trouver l'un, il faut épuiser la dualité, aller jusqu'au bout de la dualité. C'est la crucifixion[1]. » C'est l'impuissance même à assouvir qui préserve l'essentiel de l'attente, qui est la *tension de l'âme* par quoi l'âme existe, la disponibilité absolue du non-savoir en proie au vertige de son désir (je dis bien non-savoir, et Valéry a parfaitement vu que « tout savoir véritable se réduit à voir ET pouvoir[2] ». Et Georges Bataille, au terme de son *Expérience intérieure*, écrivait aussi : « Je saisis en sombrant que la seule vérité de l'homme, enfin entrevue, est d'être une supplication sans

1. Simone Weil, *Cahiers III*, p. 38.
2. Paul Valéry, *Variété V*, éd. Gallimard, Paris, 1944.

réponse[1]. » Ainsi, Simone Weil, dans sa philosophie de l'*action non agissante* – « Action non agissante : faire seulement ce qu'on ne peut pas ne pas *faire*[2] » – atteint l'essentiel de ce que peut atteindre une philosophie, et, mêlant connaissance et contemplation en une démarche unique, elle confronte au *logos*, à l'*âme du monde*, non pas l'*infini de l'effort impuissant* de l'homme, mais le fini de son effort transcendé. Si la vérité est du côté de Simone Weil, c'est qu'elle transcende, c'est qu'elle échappe à toute idée de *pouvoir*, c'est qu'elle va au-delà de Valéry dont la raison éclaire toujours un peu à la façon des projecteurs, dont le propre est de rester seuls hors du champ de la lumière qu'ils répandent. Il n'y a que dans la contemplation que nous cessons d'être le jouet de ce que nous faisons : là seulement est la « délivrance aux âmes captives » (d'elles-mêmes). Au lieu de m'abolir dans un acte, j'abolis tous les actes en moi. *Non conversione divinitatis in carnem sed assumptione humanitatis in Deum.*

1. Georges Bataille, *l'Expérience intérieure*, p. 30.
2. Simone Weil, *Cahiers I*, p. 153, éd. Plon, Paris, 1951.

« On arrivera à considérer avec Anaximandre, écrivait Nietzsche [1], que tout devenir est une émancipation coupable à l'égard de l'être éternel, une iniquité qu'il faut payer par la mort » : une partie de la pensée de Simone Weil doit être considérée à la lumière de cette idée. Dans la mort l'être s'abolit en tant qu'il est *limité*, en tant qu'il est *imparfait*. L'exigence d'absolu se satisfait dans la mort. Tout ce qui est orienté vers la mort est orienté vers Dieu. L'anéantissement de la conscience à l'approche de la mort, c'est la pénétration à rebours du monde nouveau ouvert par la mort dans le monde ancien quitté dans la mort. Le temps est matière comme l'espace est matière, c'est-à-dire non pas infini, mais indéterminé. La solitude est matière et tout ce qui est matière s'abolit. La mort symbolise et rassemble l'espace – « car béni soit le bois par lequel s'opère la justice », est-il dit au Livre de la Sagesse. Et, écrivait Simone Weil, « le Christ lui-même ne juge pas. Il est le jugement. L'innocence souffrante comme mesure [2] ». La mort est la conver-

1. Nietzsche, *La Naissance de la philosophie à l'époque de la tragédie grecque* (trad. Geneviève Bianquis, éd. Gallimard, Paris, 1938).

2. Simone Weil, *Cahiers II*, p. 143.

gence en nous de l'espace et du temps en tant qu'obstacles. La mort est contrainte parce que nécessité. Ce ne peut être qu'une forme d'imaginaire que fuir la mort, ou tenter de la nier, par exemple en existant davantage à la manière des hommes d'action qui se fortifient de dépenser leur énergie jusqu'à la sudation cérébrale : « L'énergétique pose que l'énergie se dégrade et ne monte jamais ; qu'elle se gaspille et ne s'accroît jamais ; que rien ne monte sans qu'autre chose ne soit davantage descendu (...) On ne monte pas par les actes, mais par la seule contemplation de Dieu [1]. »

On ne peut se pencher sur la grandeur et la servitude de la destinée humaine sans la ramener à son point de chute : la mort. *La vérité,* dit Simone Weil, *est du côté de la mort.* Il faut broyer le temps. Tout commence et tout s'achève : si l'on parvenait à abolir le temps, ces deux propositions seraient confondues et l'on aboutirait à une pensée qui contiendrait sa propre négation. Si l'on pouvait ainsi comprimer les va-et-vient de l'âme humaine, on obtiendrait le plus pur néant. Donc, seule l'abolition du

1. Simone Weil, *Cahiers III*, pp. 36-37.

temps restitue l'homme au néant. Le temps, en rompant l'immobilité et le silence infiniment accomplis de la perfection divine, a suscité l'homme et la conscience, mais n'a pu les susciter que souffrants, et portant la marque de l'essentielle rupture dont ils sont issus. Ce que Lucien Goldmann appelle la *vision tragique* n'est possible que dans et par l'angle que fait le temps avec cette statique imaginaire qui correspond à l'éternel extramondain, c'est-à-dire au néant. Le mysticisme contient l'idée que l'éternité puisse couper le temps par le biais de ces êtres qui vivent sans vivre, c'est-à-dire qui sont entièrement retirés de leur apparence. L'intersection des plans mondain et extramondain opère toujours le signe de la croix. Simone Weil est bien dans la ligne de Spinoza, pour qui « la béatitude n'est pas la récompense de la vertu, mais la vertu elle-même ». Le temps diffère en nous la vertu : « En ce moment même, Dieu par sa volonté créatrice me maintient dans l'existence pour que j'y renonce. Dieu attend comme un mendiant qui se tient debout, immobile et silencieux devant quelqu'un qui peut-être va lui donner un morceau de pain. *Le temps est cette attente.* Le temps est l'attente de Dieu qui mendie notre amour[1]. » Vision profonde qu'habite la parole du Christ : Celui qui perd sa vie à cause de moi la trouvera[2].

Les pages les plus intelligentes du petit livre de Gaston Kempffner sont consacrées à cet aspect de l'amour créateur et dé-créateur chez Simone Weil, selon lequel il faut « cesser d'être par amour[3] ». Aux théodicées traditionnelles fondées sur la toute-puissance de Dieu, Simone Weil substitue une théodicée où Dieu n'est ni force ni puissance, mais perfection. La création, même si elle n'eût pas diminué la toute-puissance de Dieu, entache la perfection divine. Dieu a « vidé de soi une partie de l'être[4] » et Valéry est dans le vrai d'écrire :

Que l'univers n'est qu'un défaut
Dans la pureté du non-être[5] *!*

Pour Simone Weil, Dieu s'est vidé, et « ce mot enveloppe à la fois la création et l'Incar-

1. Simone Weil, *La Connaissance surnaturelle*, p. 91.
2. Matthieu, XVI, 25.
3. Simone Weil, *Cahiers II*, p. 235.
4. Simone Weil, *Attente de Dieu*, p. 106, éd. La Colombe, Paris, 1950.
5. Paul Valéry, *Charmes*, « Ébauche d'un serpent », éd. Gallimard.

nation avec la Passion[1] » ; ce qu'on admet plus facilement pour la crucifixion était déjà vrai pour la création. Tout se passe comme si l'humanité n'ayant pas compris la création, comme si saint Jean n'ayant pas dit que *l'Agneau a été égorgé dès le commencement du monde*, Dieu dût incarner son acte créateur et la réponse dé-créatrice en la personne de son Fils, Dieu et homme, synthèse du dialogue que Dieu désire avec l'humanité. À cette folie créatrice, à cette faille qui est faille d'amour, l'homme a donc le pouvoir de répondre en s'exhaussant à la perfection de Dieu même : « Dé-création en tant qu'achèvement transcendant de la création ; anéantissement en Dieu qui donne à la créature anéantie la plénitude de l'être, dont elle est privée tant qu'elle existe[2]. » Ceux qui étreignent le néant sont attirés vers Dieu comme un fleuve qu'une force surnaturelle fait remonter à sa source. Car le surnaturel seul, et l'existence d'une raison surnaturelle, explique que nous soyions appelés d'un appel irrésistible vers cette « générosité qui nous pousse à agir contre nous-mêmes » dont parlait Montherlant

1. Simone Weil, *La Connaissance surnaturelle*, p. 68.
2. Simone Weil, *Cahiers III*, p. 91.

dans *La Ville dont le prince est un enfant*[1] et que fonde en nous un amour inconditionné. Tout se fait et se défait. Les nuages de la douleur humaine se condensent en nous pour y souder la voûte de plomb de notre nuit intérieure puis crever et nous restituer le ciel, noyant autour de nous la terre abdiquée, submergeant ce monde enfin nié, ce *défaut*. Dieu n'est personne d'autre que celui qui nous délivre d'un songe où il nous a lui-même visités. La création n'a été qu'une plaie au flanc de la perfection – cette perfection que Dieu exprime dans son indifférence au monde[2]. Dieu n'est pas le Dieu des armées ni une puissance analogue à la pesanteur, mais le Dieu caché dont *l'absence épaisse* nous attire et nous boit : « Dieu ne

1. Montherlant, *La Ville dont le prince est un enfant*, III, 7, éd. Gallimard, Paris, 1957.

2. « C'est précisément cette indifférence que le Christ nous invite à regarder comme l'expression de la perfection de notre Père céleste et à imiter. Imiter cette indifférence, c'est simplement y consentir, c'est accepter l'existence de tout ce qui existe, y compris le mal, excepté seulement la portion de mal que nous avons la possibilité et l'obligation d'empêcher. Par cette simple parole, le Christ a annexé toute la pensée stoïcienne, et du même coup Héraclite et Platon. Simone Weil (*Institutions pré-chrétiennes*, p. 150, éd. La Colombe, Paris). »

peut être présent dans la création que sous forme de l'absence (...) C'est lui qui, par l'opération de la nuit obscure, se retire, afin de ne pas être aimé comme un trésor par un avare (...) L'absence apparente de Dieu en ce monde est la réalité de Dieu. Il en est ainsi pour tout. Tout ce qui est dans l'apparence est non-réalité[1]. » Et ma liberté n'est pas autre chose que mon pouvoir – inconditionné, comme doit l'être mon amour même de Dieu – de préférer à Dieu *l'imagination combleuse de vide*, qui bouche les interstices par où la grâce entre en nous, et bâtit l'homme apprenti-créateur : car « si nous consentons à être nés et non pas à mourir, nous commettons personnellement pour notre perte le péché d'Adam ». Jésus *sera en agonie jusqu'à la fin des temps* parce que, du seul fait que nous vivons et pensons, nous assumons le péché originel. Certes « l'homme est libre de consentir ou non à la nécessité[2] », mais, par la grâce, « Dieu consent pour nous en nous[3] » et nous libère. Par-dessus les théologies judaïque et romaine, Simone Weil rat-

1. Simone Weil, *Cahiers III*, pp. 11, 14 et 18.
2. Simone Weil, *Institutions pré-chrétiennes*, p. 147.
3. Simone Weil, *La Connaissance surnaturelle*, p. 34.

tache sa théodicée – cette théodicée que Gaston Kempffner qualifie de véritable *révolution copernicienne* – au stoïcisme grec, qui pour elle fut tout amour de la perfectibilité et de la Beauté du monde [1].

La nécessité à laquelle est soumis le monde est comme une roche, dont un versant est abrupt du côté des hommes, l'autre adouci du côté de Dieu : à la contrainte brutale que la nature et les rapports établis entre les choses qui imposent, l'homme peut substituer le consentement de l'univers à la domination chanté par Cléanthe d'Assos dans son *Hymne à Zeus*. C'est l'*amor fati* stoïcien. Dans le *Phèdre*, et principalement dans le *Banquet*, Platon a repris et approfondi la pensée des stoïciens en dégageant la nature vraie de la Beauté et en pensant la contemplation de cette Beauté du monde comme essentielle médiation entre l'homme et ce Dieu dont la Beauté est justement l'analogie sensible, l'approche, la pré-

1. On doit signaler à ce sujet l'excellente étude de M. P. Savinel : « Simone Weil et l'hellénisme », publiée dans le « Bulletin de l'Association Guillaume Budé » de mars 1960. (Quatrième série, n° 1.)

contemplation. Par la beauté on entre dans les conseils de l'amour : « La Beauté, écrit Simone Weil, est le mystère suprême ici-bas. C'est un éclat qui sollicite l'attention mais ne lui fournit aucun mobile pour durer. La beauté promet toujours et ne donne jamais rien ; elle suscite une faim, mais il n'y a pas en elle de nourriture pour la partie de l'âme qui essaie ici-bas de se rassasier ; elle n'a de nourriture que pour la partie de l'âme qui regarde. Elle suscite le désir et elle fait sentir clairement qu'il n'y a en elle rien à désirer, car on tient avant tout à ce que rien d'elle ne change. Si on ne cherche pas d'expédient pour sortir du tourment délicieux qu'elle inflige, le désir peu à peu se transforme en amour et il se forme un germe de la faculté d'attention gratuite et pure [1]. » *L'attention pure* est celle qui regarde Dieu comme une présence non possible ; qui, par conséquent, peut seule, à travers son attente, l'atteindre et le connaître. Par son attention et son regard, l'être humain pénètre le monde séparé et le réunifie, à la façon du sauveur crucifié dont saint Paul écrivait : « À travers lui toutes choses ont été réconciliées en lui ; il a

1. Simone Weil, *Écrits de Londres*, p. 37.

établi dans sa paix au moyen du sang de sa croix aussi bien ce qui est sur la terre que ce qui est au ciel[1]. » Le Verbe, c'est la médiation, et la médiation s'est incarnée[2]. C'est à une incarnation que Simone Weil nous appelle, à une incarnation dans ce sens-ci : vivre sa pensée jusqu'à la destruction de sa vie, où la pensée devient âme, où Dieu nous recrée en lui par notre consentement à ne plus être.

*

* *

Il y aurait à approfondir cette idée que, depuis Marx et Kierkegaard, les philosophes se sont incarnés. Que certains êtres identifient leur vie à leur pensée équivaut à ce qu'il n'y ait plus pour eux qu'une vérité totale. Mais l'identification peut se faire en deux sens : ou ils

1. Paul, *Épître aux Colossiens*, I, 20.

2. En ce sens de la pensée de Simone Weil, saint Paul écrit formellement : « C'est pourquoi il est le *médiateur* de la nouvelle alliance et il est mort pour effacer les péchés de l'alliance première, afin que les élus reçoivent l'héritage éternel qui leur est promis. » (*Épître aux Hébreux*, IX, 15.) Ce texte est repris par la liturgie à l'Office du Samedi Saint (IIIe Nocturne, VIIIe Leçon).

s'abîment dans l'absolu qu'ils découvrent, ou ils confondent à leur idée l'absolu qu'ils inventent. C'est là où par exemple Simone Weil et Marx diffèrent, sont deux accomplissements opposés d'une même possibilité. Mais la vérité est du côté de Simone Weil, car Marx ne tient compte que des faits sociaux, donc limités et contingents, transitoires, dont tout essai de généralisation est disloqué par le double écartèlement de l'espace et du temps, tandis que Simone Weil tient compte de certains faits réels, absolus, essentiels, complètement absents de la construction marxienne, tels que la mort, l'amour, l'expérience intérieure de l'homme, commune à tous les hommes en même temps que différente en chaque homme – faits véridiques, donnés, que le système même de Marx évince de sa *Weltanschauung* d'aspiration strictement horizontale et immanente. Il me semble que Marx est tout en largeur et en étendue (et avec son génie propre) alors que Simone Weil est tout en profondeur et en hauteur, perçant les limites de l'intelligible et faisant éclater les cadres mêmes de la pensée humaine. En elle la seule définition valable de la foi que j'ai jamais lue dans aucun livre : « la foi, c'est l'intelligence éclairée par l'amour » – comme cela est peu dogmatique, et fort ! Placé si haut sur la voie de la démarche humaine, ce que Marx appelait « le cœur d'un monde sans cœur » et « l'esprit d'un monde sans esprit » reprend à nos yeux consistance et nous rend la possibilité du recours réfléchi et humble de la sollicitation. C'est le cœur qui rebat et l'esprit qui se ranime. Qu'importe ici l'impureté de notre prière, car comment l'amour d'un Dieu impersonnel (ou du moins parfaitement insaisissable) serait-il pur, quand l'amour même des êtres que nous touchons et dont nous recevons ne l'est pas ? Mieux vaut alors qu'une flamme me consume (Simone Weil) plutôt que je mette le feu au monde (Marx). Aimer, c'est brûler, c'est tendre vers la mort. Si nous étions purs, ce serait mourir tout à fait. À soi-même ? Aux autres ? Aux autres, et nous devenant un autre pour nous-même. Aimer, c'est tellement autre chose que le désir. Non plus le désir de l'autre, ni le désir de soi – mais celui d'être soi-même objet d'un désir et réponse à un désir plus large que notre âme (c'est-à-dire qui va bien au-delà de nous-mêmes ; nous remorque dans son absolu). C'est dans cet état de grâce, presque inintelligible, que mourut Simone Weil.

Le monde gagne en vérité chaque fois qu'ainsi un être vit sa pensée jusqu'à s'oublier soi-même, et s'immoler dans son oubli. Qu'importe si parfois, dans l'économie de la grâce, le don de soi reste une recherche indirecte de soi-même ! On doit s'absenter de cette pensée même, bientôt engloutie dans le néant auquel on tend. Celui qui livre en silence un message, compte que la solitude humaine ne sera qu'un désert à traverser. L'absolu que désire le saint, le soldat, l'esthète est avant tout la recherche d'une médiation entre l'être fini de soi et le non-être de soi dans l'être infini de Dieu. Le pèlerin, autant que du sanctuaire, est avide du chemin dur mais exaltant qui le mène au sanctuaire. Son *moment essentiel* est autant son parcours, que son arrivée où s'éteint son acte. La poursuite de Dieu n'est pas la possession de Dieu. Car Dieu, Simone Weil l'a connu, n'est pas objet de possession, non plus que la vérité. Et ce qui pour elle importe est moins l'amour de la vérité que la vérité de l'amour. Dieu est essentiellement sujet, et exige qu'en tant que sujets nous-mêmes nous nous abolissions devant lui, par réification – *per ipso, et cum ipso et in ipso.* Dieu reste en nous imaginaire tant qu'on croit pouvoir l'éprouver comme on éprouve le monde des choses, le monde des êtres ou le monde des idées. C'est pourquoi il n'y a pas, pour Simone Weil comme pour tous les mystiques conséquents, *du point de vue de l'homme en tant que sujet*, de différence entre Dieu et le néant. Dans le langage des mystiques, il n'y a jamais eu de différence. Le chemin du vide immense, l'athéisme lui-même l'a connu – *Totum video per inane geri res* : *l'Être et le néant* a peu ajouté, au fond, au *De Natura rerum*. Les mots sont des meubles que l'on peut modifier indéfiniment sans que la pensée devienne fondamentalement autre. Le séquestré d'Altona est dévoré par ses crabes parce qu'il a oublié le sens profond des mots par rapport au vide qu'ils meublent et le caractère essentiellement ludique de la démarche humaine qui nie Dieu ou du moins ne le pose pas au départ. Il est séquestré parce qu'il cesse de connaître ; le monde cesse d'être création pour lui ; lui-même cesse, comme eût dit Claudel, de « co-naître au monde et à soi-même ».

Un penseur comme Camus reste trop moraliste pour pousser son désespoir jusqu'à ses conséquences philosophiques rigoureuses. Sa révolte devient par là même une négation de sa négation, ou plus précisément une contradiction de sa négation. L'absurde, chez Camus, se condense du néant et recompose comme malgré soi une magie d'espérance : Camus, disait Sartre avec une pointe de condescendance, c'est le *fait moral pur*. Les cordes les plus sensibles de son âme sont visibles, qui ont tremblé à sa rencontre avec Simone Weil. Le problème qui se posait à lui était moins celui d'une foi que celui d'un chemin pour sa vie (pour sa pensée mais sa pensée était sa vie) : pour « Jean Baptiste Clamence, comédien », « la seule utilité de Dieu serait de garantir l'innocence » – cette innocence qui, pour Simone Weil, est *mesure du jugement*. Là s'exprime la pudeur d'une âme éprise de l'unité de notre nature première ; un Camus plus proche de Platon que de Sartre.

La grandeur de Simone Weil reste d'avoir choisi son innocence et sa mort. Elle qui disait : *la vérité est du côté de la mort*, elle s'est brisée, lucidement, dans un élan qu'elle savait sans retour, avec une énergie qu'on admire et qu'on tremble de désirer. Elle fut une mystique dans la mesure où elle fut bien autre chose qu'une moraliste ; dans la mesure où, depuis longtemps, l'essentiel de son être était l'objet même de son renoncement sans que sa pensée se portât sur sa démarche en tant qu'objet de réflexion. Mais sait-on jamais à partir de quand l'idée de Dieu, pour une âme, devient le Dieu réel ? Simone Weil a-t-elle connu ce passage de l'idée de Dieu à la personne de Dieu (à l'être de Dieu) ou bien la mort elle-même est-elle ce passage, comme elle l'avait d'ailleurs pressenti ? L'idée même de médiation, qu'elle emprunte aux Grecs, n'implique pas une rencontre absolue – « Il ne faut pas, dit Platon dans le *Philèbe*, aller trop vite à l'un » – mais un cheminement, un lent effort de la nature humaine aveugle vers la reconquête de sa source, où se défaire.

L'idée de dé-création est contenue dans ce cheminement, et à travers lui se fait peu à peu nécessité plus absolue de la reconquête, du retour. Que la création du monde n'ait rien ajouté à l'être de Dieu est une idée dont les théologiens ont fait d'excellents livres. Mais de cette évidence, pouvait-on passer légitimement à la vision que Simone Weil a faite sienne, selon laquelle, à l'acte d'amour que constitue la création, nous ne pouvons répondre que par un acte d'amour équivalent, la dé-création de nous-mêmes – idée qui implique que la toute-puissance de Dieu n'est pas inconditionnelle, ou du moins que sa nature est différente du concept que s'est forgé le judéo-catholicisme. Quoi qu'il en soit, il est vrai, la mort opère pour chaque homme ce retour à l'état de non-conscience, et peut-être Simone Weil n'a-t-elle parlé de la dé-création que comme d'une mort plus volontairement consentie : une démarche de l'homme allant à la rencontre de Dieu sur le chemin même qui est le sien ici-bas, celui de la nécessité en tant qu'absolu relatif, en tant qu'élément *total* mais strictement délimité d'un jeu tragique : l'existence humaine. En ce sens, Simone Weil aurait dit à peu près la même chose que d'autres. Mais je ne m'arrêterai pas à cette idée, car elle ajoute à sa pensée l'exceptionnel témoignage de sa vie. Elle incarne sa philosophie. Sa vie est un moment total d'existence humaine, en ce qu'une philosophie y est dramatisée jusqu'au bout et d'une façon absolument positive. Philosophiquement, moralement, sa mort volontaire au sanatorium d'Ashford, parce qu'elle refusa de manger plus que ce qu'était la ration des Français sous l'occupation nazie, est le contraire absolu d'un suicide. Le néant auquel elle aspire devient Dieu parce que son témoignage se veut en tout affirmation absolue ; son amour est trop réel pour que l'objet de son amour ne soit pas réel.

Ceux qui l'accusent d'avoir manqué de bon sens indiquent simplement qu'ils sont sujets au vertige, et peut-être au fond plus inquiets pour leur propre équilibre que pour Simone Weil elle-même, qui pensait précisément que la notion d'équilibre est essentiellement *imaginaire.* On voit plus souvent le salut des âmes mis en péril par la médiocrité que par un exemple tel que le sien. Simone de Beauvoir, qui fut sa camarade de promotion à l'École normale, a écrit quel serait toujours son regret d'avoir vécu à côté de cette femme exceptionnelle et secrète sans avoir rien deviné d'elle. On comprend cette pointe de nostalgie tardive. Sartre et Nizan, eux, ne se sont pas ratés. Mais sans doute Simone Weil était-elle justement de ces êtres que leur humilité préserve, au sens où la pauvreté préserve. On ne la voyait pas ; elle passait inaperçue parce qu'elle tendait à être autre qu'elle-même. Elle voyageait au bout du possible de l'humain avec la tranquille assurance que donne une douleur qui ne se ressent plus, tant le sujet, dans son oblation, a cessé de pouvoir être pour lui-même objet, n'étant plus que fictivement sujet (fiction intramondaine de *vision tragique*). On entrevoit enfin, dans une lucidité que ne tache plus l'attention à soi-même, cette vérité essentielle qui est que l'âme humaine n'est qu'une supplication sans réponse, et ce que Simone Weil écrivait de la philosophie en fait bien, à cet égard, la science de l'âme.

Il y a, dans cette démarche, autant de volonté que d'espérance. Simone Weil n'est pas un héros fatigué. La nécessité à quoi est soumis le monde est pour elle une ligne verticale qui fait avec la transcendance une figure géométrique. Tout monte, serai-je tenté d'écrire ; mais elle me récuserait : tout s'abolit.

Si le génie est, comme elle l'a pensé, « la capacité de traverser les *nuits obscures*[1] », on peut dire que Simone Weil eut du génie. Son message constitue aussi l'un des derniers messages de l'Occident européen, le dernier peut-être avant que tout ce que nous avons été ne se défasse et ne retombe comme une gerbe retombe, et que vienne alors une longue nuit de l'esprit à quoi nous prépare la barbarie montante d'un monde qui sait envoyer des vaisseaux cosmiques, mais ne bâtit pas au-dedans de soi le royaume.

On ne peut pas étayer sa foi sur des argu-

---

1. Simone Weil, *Cahiers I*, p. 206.

ments qui n'ont pas pris corps en soi, mais on peut entendre un appel, déchiffrer un message, voir le cheminement d'une âme où se lit l'absolue pureté de l'amour – et comprendre. Alors nous ne serons pas, sur cette terre, des errants. Il n'y a que le temps qui soit irrémissible. Mais la mort tue le temps en nous et nous libère. Simone Weil donne définitivement raison à Rimbaud : *La vraie vie est ailleurs.* Le médecin qui rédigea l'acte de décès de Simone Weil écrivit : *The balance of her mind was disturbed.* C'est que le bien entraîne irrésistiblement vers le haut et rend tout équilibre impossible et médiocre ; le bien, que tout ce qui est imaginaire dans notre âme nomme : l'inaccessible possible. En Simone Weil, la grâce avait vaincu tout l'imaginaire de l'âme. Elle fut agnostique jusqu'à l'approche de la mort ; elle ne priait pas selon les rites d'une Église ; mais chacune des pensées qu'elle nous a laissées est une prière, et elle disait ne jamais penser à la mort du Christ sans commettre le péché d'envie. Il y a dans tout ce qu'elle fut quelque chose de désertique et d'éternel, de frêle et d'infini dont l'appel invite à mourir pour n'être pas tué, et que soit sauve notre liberté.

Reproduit et achevé d'imprimer
par EVIDENCE au Plessis Trévise
en janvier 2000
N° d'imprimeur: 1135